D0786874

Imagen de cubierta: rostro de Buda meditando.
Detalle: sílaba om, *en sánscrito, del* mantra *más famoso del budismo, el de la compasión.*
Página siguiente: niños jugando bajo la mirada de los monjes tibetanos en la zona de exilio de la India, lugar de refugio del dalai-lama y numerosos tibetanos.

JULIEN RIES

Las enseñanzas del
budismo

NEREA

Título original:
I volti del Buddhismo

International Copyright
© 2006
by Editoriale Jaca Book
spa, Milano
All rights reserved

© De la edición castellana:
Editorial Nerea, S. A., 2008
Aldamar, 36, bajo
20003 Donostia-San Sebastián
Tel.: 943 432 227
Fax: 943 433 379
nerea@nerea.net
www.nerea.net

© De la traducción del italiano:
Ariadna Viñas, 2008

Imagen de cubierta: © shutterstock
Detalle: © istockphoto.com Alex Fox

ISBN colección: 978-84-96431-28-7
ISBN volumen: 978-84-96431-33-1

Diseño de cubierta y maquetación:
Eurosíntesis Global, S. L.

Impreso en Italia

ÍNDICE

Página anterior: rostro de Buda recostado. Esta monumental estatua de Buda, cuya sonrisa transmite una profunda serenidad, se encuentra en un magnífico santuario rodeado de monasterios en Nakhon Pathon, una de las ciudades más antiguas del reino de Siam, actualmente en Tailandia.

Extraordinaria imagen de Buda, obra maestra de la pintura hindú, en uno de los templos rupestres de Ajanta, en la India.

INTRODUCCIÓN

Hace más de 2.500 años, Siddharta Gautama descubrió inesperadamente tras una larga búsqueda la solución al problema del dolor humano que atormentaba su espíritu. Después de una noche de meditación, mientras estaba sentado a los pies de una higuera *pīpal,* conoció el Despertar a la Verdad o Iluminación, alcanzó la inquebrantable paz de la Extinción de las Pasiones y se liberó definitivamente del sufrimiento y del ciclo de las existencias.

Buda volvió a coger su bastón de peregrino y anunció a los hombres una sabiduría que conduce al camino de la liberación del sufrimiento, convirtiéndose en guía y médico de la caravana humana. Este volumen se ocupa sobre todo de los elementos más importantes de la Sabiduría del Buda: su concepción del hombre y de la condición humana en el universo, la importancia de los actos humanos y su valor kármico —que deriva de la ley de causa-efecto implícita en las acciones—, la noción de nirvana, el noble camino del despertar y los tres refugios: el Buda, la Ley y la Comunidad.

Después de 2.500 años, el budismo sigue su camino y goza de gran influencia sobre una parte de la Humanidad. La filosofía de Buda ha ido adaptándose a lo largo de los siglos al encuentro con otras culturas y esto le ha conferido una complejidad histórica que conviene explicar para poder situar sus diferentes facetas. Nuestra era asiste a un budismo de la devoción surgido del contacto con el hinduismo. En el transcurso de estos dos milenios, los discípulos del Buda se han organizado en distintas escuelas y tendencias orientadas hacia la meditación y la devoción. Los últimos capítulos ofrecen algunas nociones sobre este amplio movimiento.

Página siguiente: desplazada tibetana en la India. La tragedia del exilio es motivo para adoptar la principal actitud del budismo: la compasión.

1
EL BUDISMO EN LA ACTUALIDAD

Seis siglos antes de la llegada de Cristo, en el valle del Ganges, en la India, Gautama el Buda propuso un mensaje basado en la fe en el hombre y en su capacidad para encontrar la paz y la felicidad mediante las buenas acciones. La India, China, Ceilán (Sri Lanka), el Tíbet y todos los países de Extremo Oriente aceptaron su sabiduría.

Los europeos descubrieron el budismo en el siglo XIX a través de la colonización, pero les costó comprenderlo. Algunos se opusieron en nombre de la religión, mien-tras que otros lo acogieron con entusiasmo romántico.

Esta situación ha cambiado en la actualidad. El budismo moderno se presenta como un mensaje universal. En 1956, coincidiendo con el 2.500 aniversario del nacimiento del Buda, se celebró un congreso budista internacional en el que se propuso establecer las normas y recomendaciones para favorecer la expansión mundial del mensaje, crear asociaciones nacionales e internacionales y fundar un seminario

budista misionero en Bangalore (la India) en 1958. Desde entonces hay misiones budistas en todo el mundo.

El budismo moderno propone al ser humano la vía del despertar para que su conducta lo lleve hasta la verdad y lo libere del miedo, la angustia y el dolor y pueda de este modo emprender el camino hacia la felicidad. El hombre se ve arrastrado como una rueda por los acontecimientos que rodean su existencia. Es un ser en constante

devenir, un núcleo de sentimiento y voluntad, una llama que se autoalimenta, una existencia que depende de todo lo sucedido con anterioridad. Al despertar, el hombre debe lograr el dominio de sí mismo, establecer el equilibrio con el mundo exterior —hombres, mujeres y entorno—, orientar su sexualidad con energía, renunciar a la esclavitud del deseo y vivir en un estado de paz (el nirvana) basado en el equilibrio espiritual y corporal, la práctica de la bondad y la armonía con los demás. El budismo se presenta por tanto ante el hombre moderno como una vía hacia el despertar del deber, un camino de esfuerzo personal continuo, en un estado de paz interior, benevolencia y compasión, con una visión espiritual del mundo pero sin preocupaciones de tipo religioso. Consciente del carácter efímero de la condición humana, el budista busca el despertar, la liberación del dolor y la iluminación interior.

2
DIFUSIÓN DEL BUDISMO

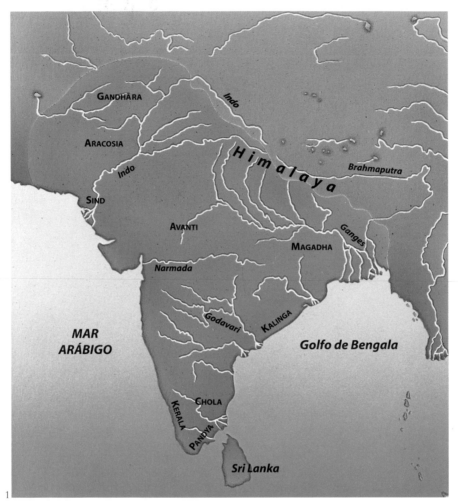

1

2▷

1. *Bajo el reinado de Asoka (272-236 a. C.), tercer emperador de la dinastía Maurya, el budismo se difundió por todo el reino indio, que en aquella época era más extenso que la India actual.*
2. *Sanchi está situada en Madhya Pradesh, en el centro de la India. En el siglo III a. C., Asoka mandó construir aquí la primera* stupa, *decorada después por sus sucesores, que mandaron construir otras dos. La extraordinaria difusión del primer budismo impulsada por Asoka coincide con la difusión de la* stupa, *una construcción cósmica, con forma de bóveda celeste, que contiene las reliquias del Buda y de sus discípulos. Las* stupas *son destino de peregrinación, ya que representan un símbolo terrestre de la religiosidad budista. Tienen cuatro puertas, situadas en los cuatro puntos cardinales, desde las que se accede a la circunvalación (en sánscrito* pradaksinā) *que hay que recorrer siguiendo la balaustrada que rodea la bóveda. Se trata de un rito basado en la enseñanza del despertar de Buda, simbolizado por el árbol del despertar y la rueda, ambos presentes en el parasol que corona la stupa.*

1. En el mapa se ha señalado en color rojo oscuro los lugares en que el budismo es actualmente la religión mayoritaria; el rojo claro indica los lugares en que es minoritaria y las ruedas pequeñas señalan su presencia en Europa y América. Según datos recientes, en el Tíbet, Tailandia y Myanmar (Birmania), más del 85% de la población es budista; en Kampuchea (Camboya), Laos, Bután y Sri Lanka, entre el 70-85%; en Japón, Mongolia, Taiwán, Vietnam y Singapur, entre el 40-55%; en Corea del Sur, Hong Kong y Malasia, alrededor del 20%; y en China, en torno al 6% (fuentes: Joanne O'Brien y Martin Palmer, Atlas des Religions dans le Monde, *Londres, Myriad; París, Autrement, 1994;* Le Monde au présent II, Encyclopaedia Universalis, *París, 1994).*
2. El continente asiático a principios de nuestra era, con las principales vías de comunicación terrestres (en rojo) y marítimas (en verde). Las líneas amarillas señalan la expansión del budismo.

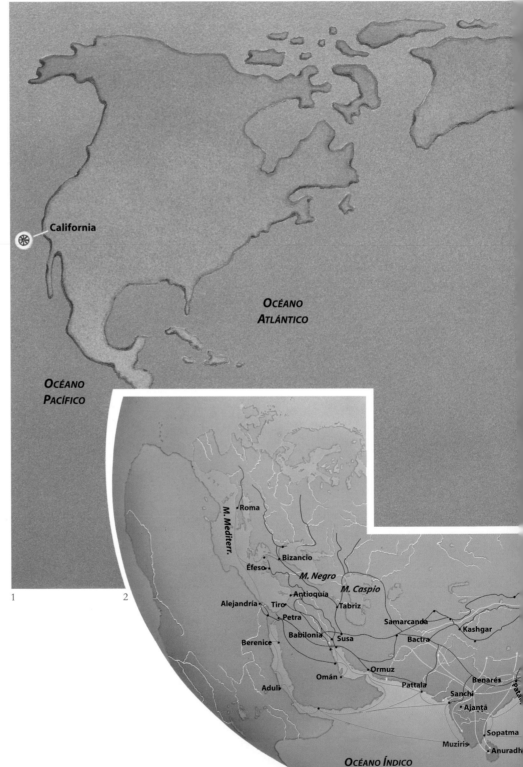

1   2

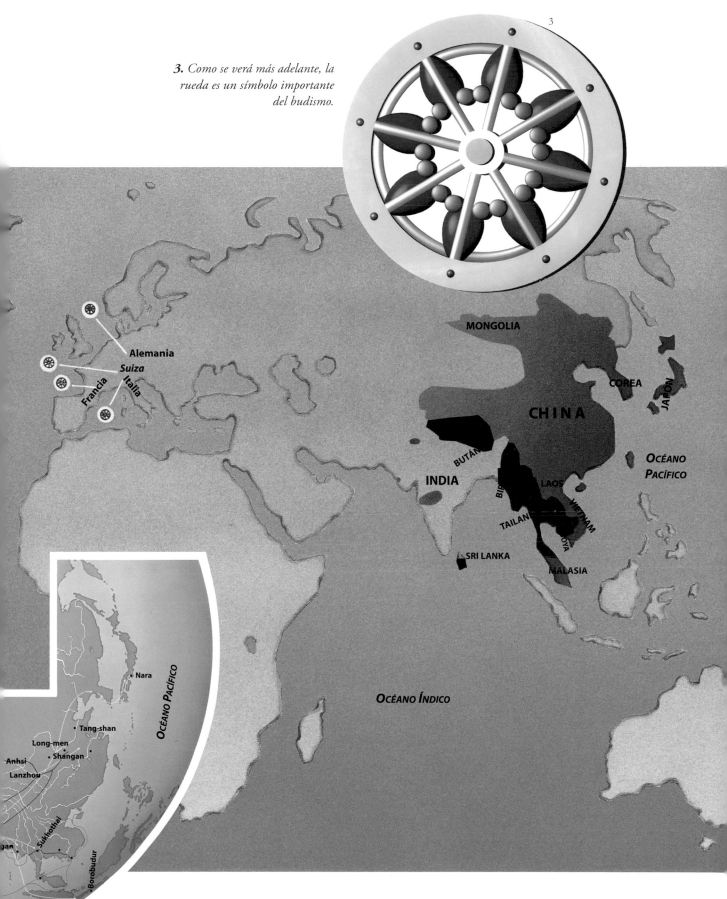

3. *Como se verá más adelante, la rueda es un símbolo importante del budismo.*

MONGOLIA

COREA

CHINA

JAPÓN

BUTÁN

INDIA

BIR

LAOS

VIETNAM

TAILAN

OYA

SRI LANKA

MALASIA

OCÉANO
PACÍFICO

OCÉANO ÍNDICO

Nara

Tang-shan

Long-men

Shangan

Anhsi

Lanzhou

OCÉANO PACÍFICO

Sukhothai

jan

Borobudur

1. *Jardín zen creado por maestros budistas japoneses en el Museo de Bellas Artes de Boston. No se trata sólo de una reconstrucción para el museo, sino que es, a todos los efectos, un lugar de meditación en el interior de una gran institución occidental dedicada al arte.*

2. *Ayuthia fue una antigua capital de Tailandia. Aunque no se hayan restaurado los monasterios destruidos, es fácil reconocer su estructura gracias a los muros reconstruidos y a las bases que se conservan de las columnas que tiempo atrás sostenían el techo. Las donaciones de los fieles han permitido restaurar las estatuas de Buda y los* chedis. *Aquí se ven los budas* māravijaya, *budas tocando la Tierra con la mano derecha para llamarla en ayuda contra Mara, el dios de la muerte.*

2 ▶

3
BUDA, EL FUNDADOR

1. *A la izquierda de la escena se ve a Buda en un círculo de luz. A su alrededor se han representado los encuentros que lo iluminaron para emprender su camino. El príncipe Siddharta Gautama encuentra primero a un viejo, a continuación un enfermo y después a un muerto. Estos personajes muestran el sufrimiento y el límite de la vida. Por último, encuentra a un asceta, que le indica la vía de la búsqueda espiritual. Gautama se viste con las ropas del monje y emprende el camino hacia la iluminación. La escena grande muestra a Buda vestido de monje debajo de un árbol en un jardín cerca de la actual ciudad de Benarés. Asistimos al primer discurso público de Buda.*

1

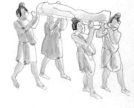

Hacia la mitad del siglo VI antes de nuestra era, en la ciudad india de Kapilavastu, al norte de Benarés, nació en el seno del noble clan de los Śākya un hijo de príncipe, Siddharta Gautama. A la edad de 29 años, casado y padre de un hijo, Siddharta sentía gran curiosidad por el dolor de la condición humana y quedó profundamente impresionado por cuatro encuentros en su camino: un viejo decrépito, un cadáver camino de la hoguera para, según la costumbre, ser incinerado, un enfermo que se retorcía de dolor y, por último, un asceta

1

de aspecto sereno y feliz. Empezó a errar en soledad y una noche de luna llena, sentado a los pies de una higuera, con el rostro vuelto hacia oriente, se iluminó de repente y despertó a la Verdad. Se convirtió entonces en Buda, el Despertado, Sakyamuni, el Sabio de los Śākya.

Regresó a la vida errante y llegó hasta el Parque de las gacelas, en Benarés, donde se encontró con cinco jóvenes ascetas a los que explicó las cuatro nobles verdades que había descubierto: 1) la verdad del dolor: todo es sufrimiento; 2) la verdad de la causa del sufrimiento, que es el deseo;

1. Fresco de las grutas (monasterios budistas rupestres) de Ajanta, en Maharastra (la India). Representan el gran tema de la liberación de las preocupaciones mundanas. Al príncipe Vessantara y su esposa les ha pedido que donen sus cabalgaduras. La expresión del rostro y el gesto de las manos revelan su perplejidad ante la petición, así como la dificultad para realizar la donación.
2. Buda reclinado, tumbado, tal como lo describen los textos, en la posición del parinirvāṇa. *Estatua en Ayuthia (Tailandia), recientemente restaurada debido a la gran afluencia de fieles.*

3) la verdad del cese del sufrimiento, que depende de la erradicación del deseo; 4) la verdad del óctuple sendero, que conduce al cese del sufrimiento.

La PRIMERA noble verdad es una constatación de Buda: el dolor, *duḥkha,* es universal: nacimiento, enfermedad, vejez, muerte, unión con lo que no se ama, separación de lo que se ama. El dolor es un estado de nerviosismo, de inquietud, de conflicto, de falta de armonía que, sin embargo, no resulta evidente.

La SEGUNDA verdad enseña que el origen del dolor es el deseo, *tṛṣṇa,* la sed de

1. Esta estatua, situada en uno de los templos rupestres de Ajanta, en la India, cuenta una historia edificante. Un niño que no tiene otra cosa que ofrecerle a Buda, le entrega un puñado de polvo. La intención con que se realiza una acción es más importante que sus resultados.

pasiones, sed de existencia o de no existencia, que encadena al ser humano al ciclo sin fin de las reencarnaciones. La fuente de dolor se halla en la concepción que el hombre tiene de la vida: la ilusión y el apego a sí mismo y a las cosas como si fuera a ser permanente, una ignorancia que le empuja a cometer acciones egoístas de las que tendrá que purificarse a través de una serie de renacimientos.

La TERCERA verdad, la del nirvana, conduce al descanso, al abandono de todas las cosas, a la extinción del deseo, al cese de todo anhelo, y abre el sendero que lleva a la armonía y la felicidad. El camino hacia el nirvana es progresivo. Primero conduce a la anulación en nuestro interior del amor, el odio y el error, y después a su extinción total en el momento de la muerte.

La CUARTA verdad se refiere al óctuple sendero, *mārga*, que conduce al nirvana, y que conlleva una moral basada en el respeto de los mandamientos, la concentración o disciplina mental para mantenerse en estado de vigilancia y, por último, la sabiduría, *prajñā*, fruto de la enseñanza, la reflexión y la contemplación.

4
EL HOMBRE, LOS ACTOS, EL RENACIMIENTO Y EL NIRVANA

Página anterior: monasterios rupestres de Ajanta. La escena del parinirvāṇa *de Buda (su completa extinción) se encuentra representada de manera excepcional en esta escultura monumental de siete metros de largo situada en un pasillo de la capilla (gruta 26). Según los textos que describen sus últimos instantes de vida, Buda estaba tumbado con la cabeza apoyada en la mano derecha. Una postura representada desde entonces frecuentemente con la misma solemnidad monumental.*

La rueda, cakra *(1), es el símbolo de la transitoriedad: se apoya en un solo punto que cambia continuamente. Del mismo modo, el hombre no puede parar su vida y asegurarse de haber llegado. Ni la riqueza, ni los honores, ni los éxitos pueden completar la vida y volverla estable. El hombre lleva escritas en su* karma *todas sus acciones y estas darán sus frutos.*

Según Buda, el ser humano es un cúmulo de elementos en constante movimiento en torno a experiencias que se repiten y que no derivan propiamente de un yo, de una persona, sino que forman parte de un conjunto que cambia continuamente. Estos elementos implican cinco agregados fundamentales *(skandha),* doce bases y veintidós facultades de conocimiento. El hombre realiza actos. Todos voluntarios. Primero los piensa y después los ejecuta mediante actividades mentales, verbales o físicas, ya sean buenos o malos. Todo acto conlleva un efecto retributivo que repercutirá en la felicidad o infelicidad del hombre.

Cuando se habla de actos, Buda utiliza el término hindú *karma* para sentar las bases de su discurso e insistir en la lógica inexorable que une los actos a sus resultados. Cada uno de nuestros actos produce como resultado una retribución, tanto en esta vida como en una vida posterior, puesto que no perecen jamás, ni siquiera después de millones de eras cósmicas. El *karma* es estrictamente personal e intransferible, deja su huella en cada ser, que lo asume como algo propio, su herencia. Dada la no existencia de Dios, el *karma* cumple la función de causa. De este modo, quien comete malas acciones tendrá que pagarlas inevitablemente volviendo a nacer. El ser humano está sometido al *karma*, al ciclo de los renacimientos y el dolor *(saṃsāra)*. La fuerza colectiva de los actos (del *karma*) crea, organiza, mantiene y condiciona

Las diapositivas muestran escenas de acciones humanas a principios de este milenio: el puerto de Tokio, en Japón (1), una calle de Bangkok, en Tailandia (2), una calle de Pekín, en China (4), y el puerto de Bombay, en la India (5). Las malas acciones o las acciones imperfectas pueden obligar al hombre a renacer o, al contrario, le permiten alcanzar el nirvana, el final del dolor y el ciclo de renacimientos.

todo el universo. Ocupa el lugar de un dios creador del que Buda no habla.

El nirvana es el final del dolor y los renacimientos, la recompensa por las buenas acciones. Es como la extinción de la llama que escapa de la lámpara y se libera así de un nuevo nacimiento. Es la supresión del deseo y por tanto se puede alcanzar en esta vida, al igual que le sucedió a Buda en el mismo instante en que se iluminó. Es el estado de santidad. Pero el nirvana también es mucho más: es luz, alegría y pleni-tud, la sabiduría perfecta, una felicidad inalterable, la serenidad total para el *nirvanado,* es decir, para quienes logran liberarse del condicionamiento de las existencias a través de la muerte. Este aspecto, al que los textos budistas se refieren como «la otra orilla, la isla, el refugio, lo inmortal, el estado maravilloso, la serenidad», representa un misterio.

El Buda reclinado expresa el estado de nirvana, la calma absoluta. La estatua reproducida en esta página (3) se encuentra en Polonnaruva (Sri Lanka).

5
LA COMUNIDAD BUDISTA
Y EL NOBLE CAMINO
DEL DESPERTAR

Tras ser el primero en atravesar el camino *(mārga)* de la liberación, Buda deseaba dar a sus discípulos los medios para recorrerlo hasta el final. Con el fin de poder conducirlos al nirvana, fundó una comunidad de religiosos mendicantes *(bhikṣu)* que, vestidos con la túnica amarilla de los monjes indios, aceptan diez reglas fundamentales detalladas en 250 preceptos, el doble en el caso de las monjas. Cada infracción de la regla prevé una sanción. Obligado a practicar la pobreza, el monje debe respetar diez prohibiciones: no matar a ningún ser vivo, no robar, no entregarse al exceso sexual, no mentir, no consumir bebidas fermentadas, no comer a mediodía, no bailar, cantar ni participar en espectáculos, no usar adornos ni perfumes, no usar sábanas ni mantas de lujo, y no poseer oro ni plata. Cada quince días se celebra una asamblea en la que los

1. *Representación de un grupo de monjes en el santuario rupestre de Yungang, en China. Al fondo, una escultura gigantesca de Buda construida a finales del siglo V d. C.*
2. *Monasterio rupestre budista,* vihara, *de dos alturas situado en Ajanta (la India).*

monjes confiesan públicamente las infracciones cometidas contra la regla.

Después de un noviciado de dos años, los monjes son ordenados por un capítulo de diez ancianos y se convierten en candidatos a la santidad *(arhat)*. Casto y pobre, entregado a la meditación sobre la condición humana, el monje budista mendiga todas las mañanas su comida. La institución monástica no depende de un jefe espiritual ni de una jerarquía. Existen tan sólo algunas prerrogativas por antigüedad según la fecha de ordenación. Por otra parte, el monje budista puede recuperar su libertad y regresar al mundo en todo momento.

Sakyamuni completó su comunidad, denominada *Saṃgha,* con una confraternidad de laicos *(upāsaka),* miembros secundarios cuya primera razón de ser era la generosidad y que se ocupaban de la construcción de monasterios o de conseguir alimentos y medios de subsistencia a los monjes y monjas. Inmerso en las preocupaciones cotidianas, el laico encuentra refugio en las Tres Joyas, esto es, en el Buda, la Ley *(Dharma)* y la Comunidad *(Saṃgha),* sin la esperanza de un acceso inmediato al nirvana pero con el propósito de alcanzar buenos renacimientos en el mundo de los hombres o de los dioses. Para los laicos, ejercer la generosidad con los monjes constituye la mejor ocasión para hacer méritos.

En el estado indio de Maharastra, 110 km al noroeste de Aurangabad, la dura roca de basalto del yacimiento de Ajanta conserva 30 grutas en las que se establecieron los monjes budistas durante los siglos I-II a. C. y III-IV d. C. Se trata de cavernas pintadas que debían servir sobre todo como morada durante la estación de las lluvias y que constituyen una valiosa documentación arqueológica e histórica para ilustrar la vida de la *Saṃgha*.

1. Orquesta monástica del monasterio tibetano de Kampagar, en el norte de la India. Los tambores son un elemento fundamental en los ritos y bailes del budismo tibetano.
2. Buda meditando: estatua del gran complejo budista de Borobudur, en la isla de Java (Indonesia). Esta estatua de Buda, con bosques y montañas de fondo, y símbolo para todos los monjes, expresa la conciliación con la Naturaleza.

2

Página siguiente: vista del yacimiento de Ajanta, en el estado de Maharastra. Este yacimiento ocupa un inmenso anfiteatro natural de paredes verticales, sobre un terreno boscoso atravesado por un arroyo. Desde la entrada (a la derecha de la imagen), el visitante desemboca en un sendero protegido por un parapeto y pasa delante de diferentes vihāra *('monasterios') excavados en la roca y reconocibles desde el exterior por las columnas de entrada. Además de los monasterios, todos excavados en la roca, comprende también* caitya *('capillas'), cuyas fachadas se caracterizan por la entrada en forma de herradura.*

33

6
DEL BUDISMO DE LOS *ŚRĀVAKA* AL *MAHĀYĀNA*

1. *Escena de vida diaria en un poblado durante la primera época de gran difusión del budismo en la India bajo los Maurya, hacia el 250 a. C. Al fondo se puede ver una* stupa, *una de las formas arquitectónicas más impresionantes del mundo antiguo. Se trata de una construcción de tipo hemisférico que contiene reliquias de Buda o de personajes importantes, o bien objetos que pertenecieron a Buda. La* stupa *es también símbolo de Ley Búdica.*
2. *Tercera* stupa *de Sanchi, en la India. Sobre esta famosa* stupa *destaca un* harmika *('mirador') que contiene un parasol, símbolo de la realeza. A media altura hay una balaustrada para que los fieles puedan cumplir el rito de veneración o circunambulación. En aquella época no se esculpían budas con forma*

Durante los primeros cinco siglos, todos los discípulos de Sakyamuni siguieron fielmente sus enseñanzas. Denominados *śrāvaka*, 'oyentes', recogieron tres cestos (*piṭaka*) de escritos que se remontaban al Maestro: la disciplina, *vinaya*; los discursos, *sūtra*; y la doctrina, *abhidharma*. La conversión del emperador Asoka (272-236 a. C.) y su celo misionero dieron un impulso decisivo al budismo a lo largo de toda la India, permitiéndole llegar a Ceilán a partir del año 250. Son los siglos del *Hīnayāna* o 'pequeño vehículo', un budismo fundamentalmente para monjes, en los que se asistió a la formación de diferentes escuelas y sectas que condujeron a la organización de distintos concilios.

humana, sino que las stupas simbolizaban el nirvana de Buda, por lo que se convirtieron en auténticos santuarios, lugares de peregrinación y culto.

3. *Figura de* bodhisattva, *siglo III, arte del Gandhara (la India).*

Existen numerosos documentos que reflejan la importante influencia de los monasterios en la cultura hindú.

Los laicos, sin embargo, preferían los *jātaka,* historias de las vidas anteriores de Buda. Admiraban en ellas sus grandes pruebas de generosidad, paciencia y energía. El supremo y perfecto Despertar les impresionaba más que la santidad de los monjes. Preocupados por sus propias necesidades espirituales, mitológicas y religiosas, llegaron a crear la figura del *bodhisattva,* un personaje que ya no es un guía, sino un salvador. Mientras que el *śrāvaka* aspira al estado de *arhat,* el *bodhisattva* recorre en cambio diez etapas al servicio de

1. Figura de bodhisattva *femenina. Hornacina exterior del templo de Candi Sari, próxima a Borobudur, en la isla de Java (Indonesia).*
2. Figura de bodhisattva *en el templo de Candi Sari, Java (Indonesia).*

◀1

2

1

sus hermanos, para lo que retrasa su llegada al nirvana. Este personaje se convierte en objeto de admiración y devoción ante los ojos de los laicos, puesto que busca ante todo la salvación de los demás. Por otra parte, se difunde una nueva doctrina de *la budidad,* es decir, del carácter inherente al estado de Buda, la dimensión profunda de las cosas: en contra de la enseñanza de los monjes, se afirma que todos los hombres participan de la naturaleza de Buda en lo más profundo de sí mismos y esto les abre el camino hacia el Despertar supremo. Se habla entonces de *Mahāyāna* o 'gran vehículo', puesto que conduce a la salvación a un mayor número de personas.

Con este cambio, lo que primero era ley del *karma* cede el puesto a la posibilidad de que el *bodhisattva* pueda transmitir sus méritos a los fieles. Es decir, se cede el puesto a la fe en la oración y el culto. De este modo, junto al budismo de la meditación se desarrolló un budismo de la fe, y ambos han coexistido hasta nuestros días.

2. Estela budista, detalle de la parte central, año 551. Museo Universitario de Pensilvania, Filadelfia. Esta estela muestra todavía una clara influencia india. A los lados, no visibles en la imagen, hay escenas de la vida de Buda, mientras que en la parte central aparece Buda rodeado de dos de sus grandes discípulos, cuatro bodhisattva y dos monjes.

7
EL BUDISMO EN CHINA

1. Monje chino de finales del siglo VII. Transporta escritos budistas hasta su país tras un largo viaje.

2. La Ruta de la seda es también la vía de difusión del budismo, que pasa de la India a Afganistán y después llega a China en el siglo I de nuestra era. Más adelante, se iniciarán los contactos directos con la India.

El budismo ch'an *pasará directamente de China a Japón, convirtiéndose en el* zen, *mientras que el budismo* ching-t'u *había pasado anteriormente hasta Corea y desde allí a Japón.*

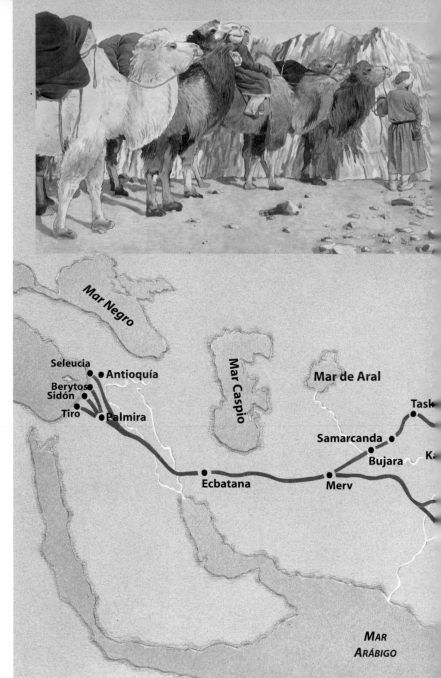

A partir del siglo I de nuestra era, algunos misioneros budistas se adentraron en China siguiendo la Ruta de la Seda y transmitieron su mensaje entre las gentes del pueblo y ante los eruditos taoístas, es decir, los adeptos del tao, 'el camino', que es la base de una de las principales expresiones filosóficas y religiosas chinas. Quienes los es-

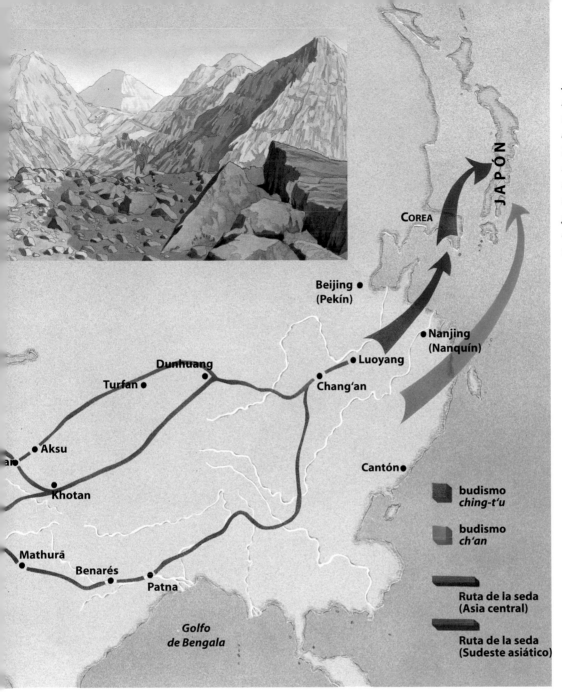

3. *El viaje desde el Mediterráneo hasta China era largo y difícil, de más de 7.000 kilómetros. Había que cambiar los caballos por camellos y contratar guías asiáticos para atravesar los pasos más peligrosos.*

JAPÓN

COREA

Beijing ● (Pekín)

● Nanjing (Nanquín)

● Luoyang

Dunhuang

Turfan ●

Chang'an

● Aksu

● Khotan

Cantón●

■ budismo *ching-t'u*

■ budismo *ch'an*

▬ Ruta de la seda (Asia central)

▬ Ruta de la seda (Sudeste asiático)

Mathurā

Benarés

Patna

Golfo de Bengala

cuchaban creyeron que hablaban de una religión en la que Buda era un dios poderoso. Este malentendido dio lugar al primer éxito del budismo del *pequeño vehículo* en China.

En el año 220, la caída de la dinastía, seguida de un período de inestabilidad, abrió las puertas a algunos misioneros del *Mahāyāna* o 'gran vehículo' que facilitaron los viajes y peregrinajes en la India y Ceilán. Estas relaciones dieron lugar al nacimiento de un budismo chino original, en el que se mezclan doctrinas indias y enseñanzas taoístas. Se crearon dos escuelas budistas.

El *ch'an* (convertido en el zen en Japón) es la forma china del budismo de la

meditación. Basándose en el *gran vehículo* y en el tao, los maestros Tao Cheng (360-434) y Sang Chao (384-414) enseñan que la naturaleza de Buda está presente en todos los seres, que es como un tesoro escondido que hay que descubrir. Por eso no es necesario leer textos budistas o cumplir actos bondadosos, sino que basta con detener el trabajo del espíritu para que pueda salir la luz interior que provocará el Despertar. El *ch'an* consiguió escapar a la gran persecución del emperador Wutsung del año 845 y, pasada la tempestad, vivió una nueva la expansión.

China conocía desde el siglo II a Amitaba, uno de los grandes Budas del *Mahāyāna* (emanaciones y figuras de un Buda

2

original ultraterreno del que el Buda histórico Gautama es una manifestación). El *ching-t'u,* la escuela llamada de la Tierra Pura o del Paraíso de Occidente, retomó y desarrolló la devoción por este Buda al que se veía como soberano del paraíso. Los contactos de este budismo místico con el cristianismo y la devoción hindú del *bhakti,* en la que se adora a divinidades cercanas a los hombres, condujeron a los discípulos a prácticas cotidianas del culto de Amitaba y a una vida moral elevada: adoración ante las estatuas, acción de gracias permanente, religión de amor y tranquila felicidad que prepara la entrada al paraíso después de la muerte. Este budismo llegó hasta Corea, Japón y Vietnam.

Página siguiente: (1) Tierra Pura del Buda Amitaba. *Tapiz votivo procedente del santuario chino de Mangao, actualmente en el Museo Guimet de París. El desarrollo de la escuela de la Tierra Pura hizo que se multiplicaran en templos y monasterios las representaciones del reino de puro pensamiento de Amitaba, un auténtico* campo de salvación *en el que Amitaba había hecho voto de acoger y salvar a los seres. La composición, recargada pero perfectamente simétrica, está construida en torno a la figura de Amitaba, sentado en el centro sobre un trono de loto entre los* bodhisattva *Guanyin y Dashizhi.*

45

1

8
BUDISMO TIBETANO Y LAMAÍSMO

2. Monjes tibetanos en el techo del Monasterio de Likir, en el Himalaya, fundado en el siglo IX.

Con sus grandes espacios, sus montañas y su silencio, el Tíbet, *el techo del mundo,* favorece el pensamiento religioso. El *bon,* la religión prebudista, era un conjunto de prácticas relacionadas con los espíritus (chamanismo), cultos a la Naturaleza y ritos mágicos a veces crueles a nuestros ojos. En el año 779, el monje Padmasambhava, procedente de Cachemira, creó el gran Monasterio de Bsam-yas, lugar de encuentro de numerosos budistas procedentes de diferentes puntos que llegaron para traducir al tibetano los textos en sánscrito. Se fundó entonces la secta budista de los *viejos creyentes,* llamados también *gorros rojos.*

Perseguidos, se dispersaron entre los años 803 y 842.

En el siglo XI comienza un segundo período. Hacia el año 1402 llega el monje bengalí Atisa, que junto con algunos monjes procedentes de la India y Cachemira construyó numerosos monasterios y reorganizó la vida monacal. A él se debe la

2

2

3

4

1. El gompa, 'monasterio', del siglo XV de Thiksey, en Ladakh, es un ejemplo típico de monasterio del Himalaya.
2. Tambor ritual típico (nga) de los monjes tibetanos.
3. Los monjes budistas tibetanos ejecutan las cham, danzas rituales convertidas en auténticas representaciones. La imagen recoge el momento en que aparece un personaje famoso, Padmasambhava, el yogui hindú que introdujo el budismo en el Tíbet en el siglo VIII. Danza celebrada en el monasterio de Kampagar, en el norte de la India, que acoge a los emigrantes tibetanos.
4. El dalai-lama empuñando el dordje, símbolo del budismo tibetano, durante una ceremonia en el Monasterio de Namgyal, en el norte de la India.
5. Centro de estudios del budismo tibetano en Toulon-sur-Arroux, en la Borgoña (Francia).

formación de una jerarquía monástica en las que los lamas o jefes religiosos constituyen la nobleza. En este budismo del *gran vehículo* hay monjes casados y monjes célibes.

Nacido en 1357 en el Tíbet oriental, el monje Tsong Khapa introduce una nueva reforma. Recupera el budismo de Sakyamuni, viste a sus monjes con una túnica amarilla y un gorro del mismo color, establece el uso de su tiempo, exige el celibato, la práctica de la confesión y el ayuno en los días prescritos y las fiestas. En el año 1578 se atribuye el título de dalai-lama, que quiere decir 'maestro-océano', considerado como una reencarnación de Avalokitesvara, un *bodhisattva* que está en el cielo y que ha renunciado al nirvana para ocuparse de los hombres con especial benevolencia. Situados en lo más alto de la escala social, los lamas son maestros religiosos venerados y gozan de grandes privilegios. Toda la vida intelectual se concentra en los monasterios. El monasterio es también el lugar sagrado donde se celebra el culto, en un marco de gran riqueza litúrgica y con extraordinaria variedad de ritos. Hay que añadir que los tibetanos recurren también a la adivinación y a los oráculos en determinados momentos de sus vidas.

Los comunistas chinos invadieron el Tíbet, apresaron y mataron a miles de monjes y obligaron a otros miles a casarse. De los 3.700 grandes monasterios que albergaban a más de 200.000 monjes, destruyeron más de 3.650. Sólo quedan algunos cientos de monjes tibetanos y se ha eliminado la mayor parte de su riqueza cultural, lo que supone una pérdida irreparable para el patrimonio de la Humanidad.

1

1. Retrato de Jigten Wangchung *(1454-1522), obra de la época dedicada a la veneración del lama que ha transmitido sus enseñanzas. Temple sobre tela, Tíbet, s. XVI, R. R. E. Collection.*

2. Mandala de Hevajra Kapaladhara. *Temple sobre tela, Tíbet, mitad del siglo XV, Peter Silverman Collection. En la línea superior puede verse un grupo de monjes y un* siddha *representados como si estuvieran en el pórtico de un templo, mientras que en la línea inferior, dentro de una galería similar, aparece un monje benefactor, doce divinidades protectoras femeninas, tres aspectos de Buda Sakyamuni y el guardián Mahakala. El palacio-mandala contiene cinco capillas en las que se repite la imagen de Hevajra Kapaladhara abrazando a Nairatma, y cada pareja está rodeada por ocho formas danzantes de Nairatma.*

9
EL BUDISMO EN JAPÓN

Tras pasar por Corea, el budismo chino entró en Japón mil años después de fundarse. Allí encontró el *shintÿ* o sintoísmo, 'la vía de los dioses', una religión neolítica que veía por todas partes *kami,* unas potencias temibles para el hombre. El emperador Shotoku Taishi (574-622) mandó construir los primeros monasterios y aceptó la nueva religión porque proporcionaba al país una moral y visión del mundo, aunque quedó como doctrina de las clases dirigentes. El budismo japonés original, el *ryÿbushintÿ,* se formó a partir del siglo VIII, como una amalgama de sintoísmo y budismo, encuentro entre *kami* y *bodhisattva.* Se intentaba mantener un equilibrio («son las dos mitades de un trozo de madera rota») y las autoridades aceptaron esta nueva religión para favorecer la unidad del país. Sin embargo, dentro de la preocupación por

1. *Parte del tesoro del Monasterio de Horyuji en Nara (Japón): Amida (Amitaba) y dos antepasados. Período Nara, siglo VII, bronce dorado. Actualmente en el Museo Nacional de Tokio.*

2. Bodhisattva *de la compasión* (Shÿ Kannon) *sobre una flor de loto. Primer período Heian, siglo IX, Boston, Museo de Bellas Artes. Se trata de la figura más apreciada del budismo japonés.*

adaptarse a las necesidades de las distintas épocas, las sectas y escuelas se multiplicaron en torno a las dos tendencias llegadas de China: la devoción y la meditación.

El budismo de la devoción buscó primero su camino en el canto, la oración y el éxtasis. Después, gracias al monje Honen, encontró en la doctrina del *jÿdo* ('Tierra Pura') el *nembutsu,* la salvación mediante la invocación del nombre de Buda. Shinran, otro monje influyente, se unió a esta escuela. Quebrantó la ley del celibato para los monjes, se opuso al estudio para alcanzar la sabiduría e impulsó el budismo hacia un monoteísmo popular. El *nembutsu* conducía a sus discípulos a la conquista de la *budidad.*

Mientras se difundía el budismo de la fe de Honen y Shinran, en la ciudad de Kamakura, sede de numerosos monasterios, estaba tomando forma un budismo de la meditación, el zen, que proclama el Despertar sin preparación. Su auténtico protagonista fue el monje Dogen (1200-1253), que se basó en la *budidad* inherente al hombre por naturaleza y que sólo hay que despertar. El discípulo alcanza el Despertar mediante la práctica del *zazen,* 'la meditación sentada'. Tiene que liberar su espíritu de cualquier atadura y superar todas las preocupaciones mentales para alcanzar el *satori,* 'la iluminación', que es una visión intuitiva. El zen se aplica al arte de la guerra, a la ceremonia del té, al arte de la jardinería y a la pintura.

1. *El famoso santuario budista de Horyuji, en Nara (Japón), antigua capital que adoptó el budismo como nueva religión. A la izquierda se ve la altísima pagoda con las reliquias. A la derecha, el* kondo, *la construcción principal, para las ceremonias. Arriba a la izquierda, la planta del monasterio.*

2. *Jardín zen en Kioto (Japón). Es un jardín de piedras y arena rastrillado desde hace siglos con los mismos movimientos.*

3. *Casa de la ceremonia del té en un parque en los alrededores de Tokio (Japón).*

4. *Centro comercial Eaton en Toronto (Canadá). Nos encontramos dentro de un símbolo del mundo contemporáneo, presa del consumismo y los objetos. El budismo llega hasta el espacio central para proponer la paz interior.*

1. *Retrato de Amitaba (llamado Amida en Japón) sobre las montañas. Arte del período japonés Kamakura (1200-1300).*

4

5

1. *Jardín zen. El jardín seco, hecho solamente de piedras, arena y roca, es uno de los símbolos más característicos de la sencillez zen. El monje repite un dibujo infinito que ayuda a la meditación.*

1

10
EL *BODHISATTVA*, SALVADOR Y SALVADO

EL VOTO DEL *BODHISATTVA*

Que pueda ser yo protector de los abandonados, un guía para los que caminan y, para aquellos que ansían la otra orilla, ser barca, dique, puente; ser luz para quienes necesiten una luz, lecho para quienes necesiten un lecho, esclavo para quienes necesiten un esclavo... Del mismo modo que la Tierra y los otros elementos sirven en los múltiples usos de los innumerables seres esparcidos en el espacio infinito, que pueda yo ser útil para los seres que ocupan el espacio hasta que todos se hayan liberado.

Santideva, La marcha hacia la luz, *capítulo III*

2

2. *Detalle de una* tanka, *pintura tibetana sobre tela, del siglo XVII o XVIII, en la que puede verse al* bodhisattva *Avalokitesvara. La postura y la expresión transmiten calma y paz.*

Este texto resume claramente el voto y el ideal del *bodhisattva,* un salvador creado por el *Mahāyāna* a principios de nuestra era y que es lo opuesto al *arhat* del *Hīnayāna* de los cinco siglos anteriores. Cumpliendo el grado más alto de la compasión búdica, que él transforma en aspiración hacia el despertar universal, el *bodhisattva* renuncia a liberarse definitivamente a través del Despertar para ocuparse del resto de los seres.

Esta profunda compasión lo convierte en un salvador salvado que hermana los corazones, responde a las diferentes necesidades espirituales de los seres y se inclina sobre la caravana humana para cargar con su dolor. Este recorrido empieza con un voto que inaugura los innumerables méritos que acumulará el *bodhisattva,* una reserva a disposición de los seres humanos y a la que se puede acceder gracias a la devoción hacia estos salvadores. El primero de ellos es Avalokitesvara, «un gran océano de virtud digno de todo tributo».

Así pues, paralelo al budismo de la meditación encontramos también un budismo de la devoción en el que se rinde culto a los salvadores.

1

GLOSARIO

Los términos en mayúsculas remiten
a la voz correspondiente

Amitaba   Llamado Amida en Japón, es un BUDA símbolo de la pureza del alma y del despertar espiritual. Representa la vida después de la muerte. Por eso fue venerado con fervor en China, Japón y en el Sudeste asiático, sobre todo en los monasterios pietistas, que destacan la necesidad de una vida de devoción alimentada por el sentimiento religioso. El budismo de la devoción ha dado lugar a toda una literatura sobre el paraíso o la tierra elegida de Amitaba (amidismo).

Ananda   'felicidad'. Nombre de un primo de BUDA, discípulo suyo y su sucesor como guía de la comunidad, puesto que fue *el primero que escuchó la palabra*. Desempeñó un papel importante en el concilio de Rajagrha. Se le atribuye la recopilación de los primeros *SUTRA* budistas.

anātman   'ausencia del yo'. El budismo expresa de esta forma la doctrina sobre la no existencia de una personalidad, de un yo. El individuo existe como conjunto de fenómenos psíquicos, no como ser personal.

arhat   'admirable, santo, respetable'. Epíteto del Buda y también del santo que habiendo alcanzado la Vía de la liberación en esta vida, ha llegado al NIRVANA y no renacerá más.

āryasatya   'noble verdad'; *catvāry āryasatyānī*, las cuatro nobles verdades sobre el sufrimiento, el origen del sufrimiento, el cese del sufrimiento y el camino que conduce al cese del sufrimiento, tal como las proclamó Buda en su sermón en Benarés.

Asoka   Tercer emperador (272-236 a. C.) de la dinastía Maurya del Magadha. Se convirtió al budismo y fundó un gran imperio. Tolerante y preocupado por el bienestar de sus súbditos, escribió numerosos edictos y los esculpió sobre rocas y columnas con el fin de convertir el *DHARMA* budista en la base de la ética humana y social.

bhagavān o *bhagavat*   'bendito'. Uno de los epítetos del BUDA.

bhikṣu   Monje budista, bonzo.

bhikṣunī   Monja budista.

bodhī   (de *budh* 'despertarse'). Iluminación. El despertar de la conciencia suprema que permite ver las existencias anteriores en nuestro interior y reconocer la causa del sufrimiento y el renacimiento. Gracias a este despertar, BUDA descubrió la relación entre causa y efecto, lo que le permitió liberarse de renacer.

bodhisattva   Ser iluminado que ha renunciado al estado de BUDA para ayudar a los demás y alcanzar la *BODHĪ*. La renuncia por pura compasión surgió como doctrina cinco siglos después del inicio del budismo y se ha convertido en uno de los puntos fundamentales del budismo religioso.

Buda   Iluminado, que ha alcanzado el conocimiento y la conciencia del verdadero estado de los seres y las cosas abriendo la mente. Siddharta Gautama, también llamado Sakyamuni, 'el Sabio de los Śākya', un clan del valle del Ganges, fue el primer Iluminado, descubrió las cuatro santas verdades y se convirtió en guía de la Humanidad. Además de al buda histórico, el budismo ha adorado también a lo largo de los siglos a otros budas, figuras que representaban su esencia.

cakra   'rueda'. Término en sánscrito, símbolo indio de la plenitud que en el budismo simboliza la plenitud de la Ley (DHARMA), el ciclo de los renacimientos y la inestabilidad de los seres y de las cosas, es decir, su carácter básicamente transitorio, ya que la rueda sólo toca el suelo un instante al trazar su recorrido.

Dharma   'Ley'. La doctrina budista. Es junto al BUDDHA y la Comunidad (SAṂGHA) una de las tres joyas del budismo. Estos tres tesoros son los tres *refugios*. El *Dharma* se compone de las leyes por las que se rigen los seres y las cosas, los fenómenos y las ideas.

dhātu   'fundación'. Lo que está establecido. Son los elementos del conocimiento sensorial, es decir, de los seis órganos, los seis objetos y las seis conciencias. También son los elementos materiales: tierra, agua, fuego y viento. Por último, los tres mundos del deseo *(kāma)*, las formas *(rūpa)* y de lo informe *(ārūpya)*.

duḥkha   'dolor'. Concepto budista del sufrimiento que constituye la primera de las cuatro nobles verdades. Es el destino de todos los seres sujetos al ciclo de los renacimientos *(SAṂSĀRA)*. Se trata del mal entendido como dolor físico o mental, del mal como opresión y del mal derivado de la transitoriedad.

jñana   Conocimiento trascendental y conciencia de la última Realidad. En el budismo, es el conocimiento sobre las santas verdades, los seres y las cosas y la extinción de las pasiones.

karma   La 'Ley de los actos', según la cual todas las acciones repercuten en la suma espiritual del conjunto del ser e influyen en su devenir cósmico. Es la acción en sí la que posee un valor moral bueno, malo o neutro.

lama   Religioso budista del Tíbet, Nepal, Sikkim y Bután. Teóricamente este título se reserva a los superiores de los monasterios aunque, en realidad, se aplica a todos los religiosos. El dalai-lama es el jefe supremo del lamaísmo y antes de 1950 residía en Lhasa, en el Tíbet.

GLOSARIO

mārga   'vía'; **_aṣṭāṅgamārga_** 'ocho senderos de la perfección'. La cuarta verdad del budismo, el óctuple sendero que debe recorrer el discípulo para alcanzar el NIRVANA. El budismo es una vía media que defiende la moral y la sabiduría manteniendo la justa medida entre el rigorismo ascético y el misticismo estático.

nirvana   'extinción'. Punto de no retorno del SAṂSĀRA, liberación del ciclo de los renacimientos al alcanzar la paz absoluta, la perfecta felicidad y una alegría inalterable. El **_parinirvāṇa_** es la extinción completa y se produce cuando mueren un ARHAT o un BUDA habiendo alcanzado la plena felicidad.

prajñā   Sabiduría, inteligencia, facultad de conocer y comprender.

samādhi   estabilidad del ser psíquico que se obtiene mediante una severa disciplina y concentración mental que lleva hasta la unión completa del pensamiento con un objeto elegido. En el zen japonés se puede llegar al _samādhi_ sin preparación alguna, como consecuencia de un trauma psíquico o psicológico.

Saṃgha   La comunidad de los religiosos budistas. Una de las tres _joyas_ de los fieles, con el BUDA y el DHARMA.

saṃsāra   Ciclo de renacimientos que condiciona la vida de los seres vivos en función de su KARMA o retribución de las acciones. La única manera de romper este ciclo es alcanzando el NIRVANA.

Santideva   Filósofo budista del siglo VII originario de Saurastra, en la India. Escribió un poema religioso, una recopilación de enseñanzas y otra de SŪTRA.

satya   'realidad, verdad'. Concretamente, las cuatro santas verdades del sufrimiento, el origen del sufrimiento, la extinción del sufrimiento y el camino que lleva a la extinción del dolor.

skandha   'agregado'. Cada uno de los cinco grupos de fenómenos cuyo conjunto constituye la persona.

stupa   monumento budista derivado del túmulo funerario. Es una torre, normalmente en forma de campana, que contiene las reliquias del BUDA histórico, de un santo o de quien ha alcanzado la condición de BUDA.

sūtra   'hilo'. Relato que contiene un sermón del BUDA o de alguno de sus discípulos.

Sūtrapiṭaka   'cesto de los SŪTRA'. Parte del precepto budista antiguo que contiene la colección de los sermones y otros textos.

GLOSARIO

tao, taoísmo Es una de las versiones chinas más antiguas sobre la génesis del hombre y su lugar en el universo, además de una de las formas de espiritualidad natural del hombre más completas. Su texto principal es el *Tao Te King* (Libro del Camino y de su Virtud), una colección de aforismos y poemas que podría definirse como un breve tratado de mística natural.

Vinayapiṭaka 'cesto de la disciplina'. Parte del precepto budista antiguo que contiene normas sobre la organización, la vida y la disciplina monásticas.

REFERENCIAS ICONOGRÁFICAS

El número en negrita se refiere a la página,
el que está entre paréntesis, a la ilustración

Impreso en Italia

Selección de las imágenes
LASERPRINT, Milán